AU-DELÀ DES ÉPREUVES

Préface

Lorsque j'ai décidé d'écrire ce livre, c'était avant tout pour raconter mon histoire, pour que mon passé ne soit pas oublié et pour donner une voix à ceux qui, comme moi, ont vécu des moments déchirants. Ce livre est un témoignage, une manière de dire au monde que, malgré les épreuves, nous avons le droit d'exister, de réclamer notre place et de vivre dignement.

Chapitre 1 : Les Origines

Je m'appelle Bouchra Khaldoune, et je suis née le 12 mai 2003 à Oran, en Algérie. Atteinte d'amyotrophie spinale de type 2, une maladie neuromusculaire qui affecte ma force et ma mobilité, j'ai grandi entourée de l'amour inconditionnel de ma famille, et en particulier de ma mère. Mon enfance a été bercée par la chaleur d'un foyer aimant, rempli de bonheur.

© 2025 Bouchra KHALDOUNE
Édition : BoD · Books on Demand, 31 avenue Saint-Rémy, 57600 Forbach, bod@bod.fr
Impression : Libri Plureos GmbH, Friedensallee 273, 22763 Hamburg (Allemagne)
ISBN : 978-2-3225-6951-9
Dépôt légal : Mars 2025

Chapitre 2 : Les Premiers Symptômes

Mon handicap a été découvert alors que j'étais encore toute petite. Ma mère a appris la nouvelle quand j'avais seulement trois mois. Elle était enseignante et devais jongler entre son travail et cette réalité bouleversante. Le diagnostic a été fait par un médecin à Alger et il a constaté que je ne pouvais pas me retourner seule, et je n'ai jamais fait de quatre pattes.

Ce qui fut un choc pour elle. Lorsque le médecin d'Alger lui a annoncé la nouvelle, une avalanche de mots inconnus : amyotrophie spinale de type 2. Des mots qui lui ont coupé le souffle et peint la peur sur son jeune visage.

Je ne comprenais pas le poids de ces mots à l'époque, bien sûr. Je n'étais qu'un bébé, parfaitement inconsciente des limites qui allaient définir une grande partie de ma vie. Mais j'ai vu la peur dans les yeux de ma mère, l'inquiétude gravée sur son front quand elle me regardait. Je l'ai ressenti dans la façon dont elle me tenait, un mélange d'amour et de protection désespérée.

Mon corps minuscule, qui m'a trahie presque dès le début, l'incapacité à me retourner, une étape manquée, la faiblesse subtile qui s'insinuait dans mes membres : c'étaient les premiers signes, les murmures d'une maladie qui allait progressivement, implacablement, tenter de me voler ma vie.

La perte de mon père, décédé d'un cancer du sang lorsque j'avais seulement deux ans, a laissé un vide immense. Ses souvenirs sont flous pour moi, comme des photographies fanées, mais sa disparition a été un choc monumental pour ma mère. Déjà confrontée à mon handicap, elle devait maintenant gérer son deuil tout en me soutenant.

Après le décès de mon père, ma mère a dû redoubler d'efforts, devenir à la fois mère et père. Elle se retrouvait seule pour affronter mon handicap et pour tenter de me donner une vie digne de ce nom. Face à cette situation, elle a pris la décision de retourner vivre chez sa famille. C'est là que j'ai grandi, entourée de ma famille maternelle.

Dès le début, ma mère a toujours refusé que mon handicap me définisse ou limite mes possibilités. Elle était déterminée à ce que je mène une vie normale, que je reçoive une éducation et que j'aie les mêmes chances que les autres enfants. Elle ne laissait personne lui dire – ou me dire – que je ne pouvais pas.

Ma mère, une femme d'une force incroyable et d'un dévouement inébranlable, était mon compagnon de tous les instants. Elle a su gérer les complexités de la prise en charge d'un enfant atteint d'un handicape avec une grâce qui démentait les immenses exigences physiques et émotionnelles.

Les tâches quotidiennes – donner le bain, s'habiller, me nourrir – n'étaient pas de simples corvées ; c'étaient des actes d'amour, accomplis avec un soin méticuleux et une patience sans bornes. Elle a appris à adapter constamment ses méthodes, en élaborant des solutions créatives pour surmonter les limites imposées par ma condition.

Elle n'a pas reculé devant les défis ; au contraire, elle les a accepté, en trouvant des moyens novateurs pour assurer mon confort et mon bien-être. Je me souviens de ses mains, abîmées par des années de travail acharné, qui étaient toujours douces, toujours rassurantes. Elle maîtrisait l'art de me transférer de mon lit à mon fauteuil roulant, de positionner mon corps pour maximiser mon confort. Elle est devenue ma voix, défendant mes besoins, luttant pour mes droits. Elle était ma protectrice, me protégeant des dures réalités d'un monde qui n'était pas toujours bienveillant ou compréhensif.

Elle me raconta des histoires de force et de persévérance, des histoires d'elle de la femme qui avaient surmonté des obstacles incroyables, semant des graines d'espoir et de résilience au plus profond de mon jeune cœur. Sa foi était un phare constant, un rappel que même dans les moments les plus sombres, il y avait toujours une lumière pour nous guider.

Mon éducation est devenue sa priorité. C'est ainsi qu'elle m'a inscrite dans une école ordinaire, où j'étais dans la même classe que mon cousin et dans la même école que ma cousine. Ce fut une victoire et un témoignage de sa foi en mon potentiel

Chaque jour, c'était toute une routine pour aller à l'école. Notre maison avait des escaliers, mes tantes me portaient pour monter et descendre, matin et soir, afin que je puisse sortir. Mais parfois, ça les fatiguait, je sentais leur tension sous mon poids. Et elles ne manquaient pas de le dire. Parfois elles se plaignaient, soupiraient : « Tu deviens plus lourde de jour en jour ! » Mais je n'avais pas d'autre choix.

Malgré les difficultés physiques et le doute de certains qui pensaient que je ne serais pas capable de suivre. Ma mère est restée mon soutien constant. Elle passait des heures chaque jour à m'aider à faire mes devoirs, m'expliquant patiemment les concepts et m'encourageant à poser des questions.

Elle ne me laissait pas tomber, refusait de me laisser prendre du retard, déterminée à me donner les meilleures chances possibles de réussite. Ce n'était pas toujours facile. Il y avait des jours remplis de frustration et de larmes, des jours où je me sentais dépassée et voulais abandonner.

Mais ma mère était toujours là pour me remonter le moral, me rappelant toujours mon potentiel et m'encourageant à me persévérer. « Tu es forte, Bouchra, » me disait-elle en me tenant la main.

Mais l'école n'était pas toujours un endroit bienveillant. Notre institutrice ne nous appréciait pas particulièrement, mon cousin et moi, car elle avait un différend avec la mère de mon cousin. À cette époque, les châtiments corporels étaient encore pratiqués.

Si un élève faisait une erreur, recevait une mauvaise note ou se comportait mal, il était puni en recevant des coups de règle sur les mains. Moi, j'étais épargnée à cause de mon handicap, mais voir mes camarades se faire frapper en classe était difficile.

Ce qui me marquait aussi, c'était la manière dont on me traitait différemment. La prof refusait de me placer avec les autres élèves, au milieu des rangs. Au lieu de ça, elle m'installait près de son bureau, sur le côté, à l'écart. Était-ce parce que j'étais en fauteuil roulant ? Je ne savais pas vraiment.

Mais malgré tout, j'aimais apprendre, le monde s'ouvrait à moi à travers les livres, à travers les mots et les idées qui jaillissaient des pages. Même si elle m'avait mise à l'écart, j'étais déterminée à assimiler chaque leçon, à prouver que j'étais aussi capable que n'importe qui d'autre.

Le poids des émotions

En plus des défis physiques que je devais affronter, j'ai toujours été quelqu'un d'hypersensible. Chaque émotion, chaque situation, était ressentie plus intensément. Les petites joies étaient exaltantes, mais les peines étaient dévastatrices. Je me sentais souvent incomprise, isolée dans un monde où mes émotions étaient perçues comme excessives. Je passais des heures à réfléchir, à analyser chaque détail de ma vie, à chercher désespérément un sens à tout cela.

Beaucoup de choses pouvaient me faire pleurer facilement, même les situations les plus banales. Cette hypersensibilité ajoutait une couche supplémentaire de difficulté à ma vie déjà compliquée. J'ai dû apprendre à naviguer dans un monde où mes émotions étaient amplifiées, où chaque interaction pouvait être épuisante. Mais malgré tout, c'était aussi cette sensibilité qui me

permettait de ressentir la beauté du monde avec une intensité
unique.

Mon enfance en Algérie

Mon enfance en Algérie a été marquée par la chaleur de la famille.
Je vivais avec mes six tantes, chacune dotée d'une personnalité
différente ajoutant sa propre touche à notre foyer animé, mes
grands-parents, dont la présence constituait un ancrage
réconfortant, ma mère et mon oncle. Entourée de mes proches,
dans un environnement où chacun veillait les uns sur les autres,
créant un noyau familial solide.

J'ai grandi en Algérie, un pays aux couleurs vives et aux contrastes
saisissants. Mon enfance a cependant été différente, façonnée
par les limites de ma maladie. Je n'ai pas eu la même liberté que
les autres enfants qui avaient la chance de courir et de jouer à
leur guise.

Parmi mes six tantes, il y avait Fatima. Elle était plus qu'une tante
pour moi, elle était comme une seconde mère. Quand ma propre
mère travaillait, c'est elle qui prenait soin de moi au quotidien.
Elle se levait pour m'emmener à l'école, préparait le petit
déjeuner, m'habillait de mon uniforme scolaire de couleur rose,
veillait à mon hygiène, m'accompagnait à l'école, et s'assurait que
je ne manque de rien.

Fatima ne travaillait pas, ma mère la récompensait pour ses efforts en lui versant une somme pour tout ce qu'elle faisait. Mais pour moi, ce n'était pas qu'une question d'aide ou d'argent. C'était une présence maternelle, douce et rassurante, une personne sur qui je pouvais toujours compter.

Et puis il y avait mon oncle, un homme aimé et incompris. C'était quelqu'un de joyeux, toujours prêt à rigoler et à mettre de l'ambiance. Il était un grand fan de Michael Jackson, et il adorait imiter ses danses. Il disait même en plaisantant que lorsque le chanteur était mort, il lui avait laissé son âme de danseur. Il était aussi incroyablement talentueux en dessin. Quand j'avais un devoir où il fallait illustrer quelque chose, je savais que je pouvais compter sur lui pour m'aider.

Mais il était aussi perçu différemment par les autres. Il avait des problèmes mentaux dont je ne comprenais pas la nature, et souvent, les gens le traitaient de fou. Il parlait parfois d'esprits qui le hantaient, il avait des excès de folie que les adultes observaient avec inquiétude. Il était souvent isolé du monde, enfermé dans sa chambre, évitant le contact avec l'extérieur. Il ne sortait jamais, comme s'il avait peur du monde extérieur. C'était une forme de prison invisible, une phobie qui le maintenait loin des autres.

Pourtant, moi, je ne le voyais pas comme quelqu'un de différent. Pour moi, il était simplement mon oncle, celui qui aimait rire, danser et dessiner. Il avait aussi un grand cœur : quand mon cousin et ma cousine venaient, il leur donnait un peu d'argent en disant joyeusement : « On fête ça ! ». Alors, il partait chercher des bonbons, des chips et on regardait des clips de musique à la télé.

Ce sont des souvenirs précieux, des instants de bonheur partagés.

Mais avec le temps, j'ai compris qu'il souffrait d'un mal plus profond. Plus tard, j'ai demandé à ma tante ce qu'il avait exactement. C'est là qu'elle m'a appris qu'il était schizophrène. J'ai alors repensé à toutes ces choses que je trouvais étranges sans vraiment les comprendre. Ses moments d'absence, ses paroles sur les esprits, son isolement... Tout prenait un autre sens. Mais pour moi, il restait mon oncle avec ses rires, ses danses et sa bienveillance.

Notre maison était un havre de paix, un endroit où les rires résonnaient dans les pièces, où l'arôme du tajine mijotait sur le feu. Les matinées commençaient par un chœur de voix : mes tantes discutaient, les enfants jouaient, les bruits des casseroles et des poêles pendant la préparation des repas. Chaque jour était une petite fête de famille.

La vie en Algérie était rythmée par les fêtes. Le mois sacré du Ramadan, suivi de la joyeuse fête de l'Aïd, était un moment où toute la famille se réunissait. Les journées étaient consacrées à la préparation de repas élaborés, au partage d'histoires et au renforcement des liens qui nous unissaient.

C'était un moment de générosité, de réflexion et de connexion profonde. Ces célébrations m'ont appris l'importance du partage, de l'empathie et de la nécessité de chérir la présence des êtres chers.

Les odeurs de mon pays étaient uniques, et à chaque coin de rue, un parfum rappelait une tradition, une histoire. Ces senteurs faisaient partie de ma vie, et il m'est difficile de les décrire. C'était comme un doux mélange d'épices et de chaleur.

Il ne me fallait pas beaucoup pour être heureuse. Le balcon de la cuisine était mon coin de paradis ; de là, perchée dans mon fauteuil ou soigneusement tenue dans les bras de quelqu'un, je pouvais observer le monde extérieur, même si je sortais rarement. J'aimais sentir l'air sur mon visage et regarder les rues qui s'animaient et les passants : les vendeurs colportaient leurs marchandises, les voisins bavardaient, l'appel à la prière résonnait dans l'air, les enfants poursuivaient les chats errants. Je respirais l'air chaud.

Ces moments, simples et calmes, représentaient l'innocence de mon enfance, une époque où je ne connaissais ni la déprime ni la tristesse. Tout semblait parfait, comme si rien de mal ne pouvait jamais arriver.

À la maison, comme il y avait plein d'escaliers, ce qui compliquait mes déplacements. Souvent, je comptais sur la force de ma famille pour me porter pour descendre, ou pour me mettre dans mon fauteuil. Ce qui n'était pas toujours facile, ni pour eux ni pour moi. Malgré tout, ma famille faisait de son mieux pour me rendre heureuse. J'étais leur petite Bouchra, leur princesse, même lorsque les aspects pratiques de ma vie présentaient des défis.

Cependant, parfois, une lueur de tristesse me touchait le cœur. Il y avait des moments où je me sentais mise à l'écart, quand mes petits cousins et cousines venaient chez nous. Ma famille ne voulait pas que je reste trop avec eux car ils avaient peur qu'ils se blessent avec mon fauteuil électrique.

Je comprenais leur inquiétude, mais cela me faisait me sentir différente, exclue. Comme si je vivais à la périphérie de leur monde insouciant.

Il y avait aussi des moments où je ressentais parfois de l'ennui. Des jours où je ne pouvais pas sortir, où les quatre murs de notre maison se rétrécissaient autour de moi. Pendant ces moments, la télévision devenait mon compagnon. Les anciens dessins animés en arabe remplissaient le silence.

Ma tante et mon oncle se joignaient parfois à moi pour jouer à des jeux vidéo classiques. Les séries et les films que nous regardions ensemble étaient un autre moyen de me sentir connectée avec ma famille, et aujourd'hui encore, ces souvenirs me font sourire. Ces jeux et ces séries, bien que simples, étaient irremplaçables, car ils portaient en eux la nostalgie de cette époque.

En Algérie, j'avais pas mal de soucis de respiration. J'étais encombrée, et cela s'accumulait dans mes poumons, m'étouffant. Trop souvent, je finissais à l'hôpital, où ils me mettaient une sonde pour m'aspirer. Les procédures étaient brutales, invasives et souvent inefficaces. L'hôpital ne disposait pas de l'équipement adéquat pour traiter mon état.

Je me souviens de la sensation glaciale et envahissante du tube d'aspiration qui serpentait dans ma gorge pour tenter de dégager la congestion qui obstruait perpétuellement mes voies respiratoires. C'était une mesure grossière et souvent inefficace. Aussi, je me souviens que le soir, parfois, je me réveillais durant mon sommeil, car je faisais de l'apnée du sommeil et je n'étais pas bien ventilée. Les traitements disponibles étaient limités et l'équipement inadéquat.

Ma mère se sentait impuissante, regardant son enfant lutter pour chaque respiration, sachant qu'elle ne pouvait pas y remédier. Cette détresse respiratoire constante est devenue le sombre fond de mon enfance en Algérie. Malgré mon handicap, j'ai eu une enfance heureuse à Oran, pleine de souvenirs chers dans mon cœur que je n'oublierai jamais.

En grandissant, les premières complications sont apparues. J'ai commencé à ressentir de fortes douleurs aux hanches. Une radiographie a révélé que les deux étaient luxées. Les soins médicaux en Algérie n'étaient tout simplement pas adaptés à mes besoins.

Ma mère a pris une décision capitale : elle allait tout laisser derrière elle et m'emmener en France, espérant y trouver de meilleurs traitements. Elle a quitté son travail, sa famille, et son pays, tout cela pour moi. Je me souviens de la détermination dans ses yeux lorsqu'elle a annoncé sa décision.

Le choix a été douloureux, déchirant : quitter notre pays, quitter nos racines, quitter nos proches. Mais ma mère était convaincue que la France offrait de meilleures perspectives pour ma prise en charge médicale et pour mon avenir. Alors, nous avons fait nos valises, un mélange de peur et d'espoir, témoignage de l'amour inconditionnel d'une mère.

Le Départ pour la France : Peurs et Séparations

Le jour de mon départ pour la France reste l'un des plus marquants de ma vie. La tristesse pesait dans l'air, et ma famille était très affectée. Je ne savais pas vraiment ce qui m'attendait, mais quelque chose me disait que tout allait changer.

Mon grand-père, l'ancre de mon enfance, l'homme dont les mains connaissaient chaque contour de mon visage, m'a conduite à l'aéroport. Le trajet en voiture, chaque kilomètre étant un pas de plus vers l'inconnu. Ce moment de séparation a été déchirant, car il représentait la fin de tout ce que je connaissais.

À l'aéroport, l'air vibrait de l'énergie des départs et des arrivées. Les familles s'embrassaient, les larmes coulaient à flots. C'était une symphonie d'adieux, un cruel rappel de celle que j'allais endurer. Et puis, j'ai dû lâcher prise. Je me suis retournée et j'ai traversé la sécurité. Je n'ai pas regardé en arrière. Je ne pouvais pas.

La France. Ce mot résonnait dans mon esprit, une promesse et une menace. Une chance de bénéficier d'un meilleur traitement, une vie avec plus de possibilités, c'est ce qu'on disait. Mais tout ce que je voyais, c'était le vaste océan qui me séparait de tout ce que j'aimais.

Des larmes dans le ciel

Dans l'avion, au-dessus des nuages, blottie dans mon siège près de la fenêtre, l'Algérie rétrécissait sous mes pieds, les bâtiments blancs disparaissaient de l'horizon. Des larmes coulaient sur mon visage. Des questions me rongeaient : reverrais-je un jour ma famille ? Serais-je seule, perdue dans un pays étranger, incapable de m'adapter à la langue, aux coutumes, à l'essence même d'une culture différente ?

Face à une peur écrasante, chaque secousse de turbulence envoyait une secousse dans mon corps, un rappel de l'instabilité qui m'attendait.

Les Premiers Repères en France

La France m'a accueillie dans une étreinte froide et humide. La chaleur familière du soleil algérien avait disparu, remplacée par un ciel gris qui semblait me peser. L'air avait un goût différent, piquant et inconnu.

L'aéroport était une véritable cacophonie de sons, une avalanche de mots français qui tourbillonnaient autour de moi, me faisant me sentir désorientée et perdue.

Les premiers jours en France ont été durs. Le climat, la langue confuse, les coutumes… Tout était différent, étranger. J'ai ressenti un sentiment d'arrachement profond, de perte d'identité.

Puis, un tourbillon de larmes et d'appels téléphoniques frénétiques. J'étais à la dérive, détachée du confort familier de la maison. Chaque son, chaque image m'était étrangère, amplifiant mon sentiment d'isolement.

J'appelais ma famille, désespérée d'entendre le son de leur voix, m'accrochant au fil fragile de la connexion qui enjambait les continents. Entourée de l'inconnu, de la langue que je ne comprenais pas et du poids de mon propre corps défaillant, je ne pouvais voir aucun avenir au-delà des larmes.

Je me sentais comme un navire perdu en mer, ballotté par des vagues implacables, sans terre en vue. J'étais en France, mais une partie de moi restait en Algérie, attachée à jamais à la maison que j'avais laissée derrière moi.

En arrivant en France, l'objectif principal était d'accéder à de meilleurs soins. Ma mère ignorait encore toutes les démarches administratives à suivre. Dès notre arrivée, elle m'a emmenée directement à l'hôpital, persuadée que c'était la première étape à franchir, sans les papiers ni l'aide médicale nécessaires pour débuter les soins immédiatement.

Là-bas, les médecins parlaient dans un français rapide que ma mère avait parfois du mal à traduire. Je me sentais comme un objet d'étude, plutôt qu'une personne. Ils ont observé mes hanches luxées avec un regard grave, affirmant que cela faisait des années que la déformation était installée. L'opération, qui semblait une évidence pour nous, ne l'était pas pour eux. Selon eux, il était trop tard : étant donné que je ne marchais pas et que je passais la majorité de mon temps assise, mes hanches risquaient de se luxer à nouveau, même après une chirurgie.

Toutefois, ils ne m'ont pas laissée sans solution. Pour soulager la douleur, ils ont proposé des infiltrations, des injections destinées à atténuer l'inflammation et apaiser les articulations. C'était une option temporaire, un répit dans l'inconfort quotidien. Une autre alternative, plus radicale, m'a été suggérée : couper les nerfs responsables de la douleur. Cette idée me glaçait. Ne plus ressentir la douleur, c'était aussi perdre une partie de moi-même. J'ai refusé.

Mais ce n'était pas la seule chose qu'ils avaient remarquée. Ils ont également diagnostiqué une scoliose, une déviation progressive de ma colonne vertébrale. Cette fois, ils avaient une solution à proposer : une arthrodèse, une opération qui, tôt ou tard, deviendrait nécessaire pour stabiliser mon dos.

Paradoxalement, c'est entre les murs des hôpitaux que j'ai trouvé un semblant de stabilité. Les médecins et les infirmières, avec leurs mains douces et leurs paroles rassurantes, m'ont offert un réconfort bien nécessaire. L'hôpital, en particulier l'Hôpital Femme Mère Enfant, m'a étrangement donné l'impression d'être un havre de paix. Ma mère a pu rester avec moi, sa présence étant rassurante.

Dans cet environnement de soins, j'ai ressenti une lueur d'espoir, une croyance fragile que peut-être, je pourrais trouver ma place dans ce pays étranger.

J'ai rapidement découvert un système de prise en charge médicale bien plus avancé que tout ce que j'avais connu en Algérie. J'avais désormais accès à des équipements adaptés, à des kinésithérapeutes spécialisés, à des médecins compétents.

On m'a mise sous VNI pour ma nuit (ventilation non invasive). J'avais besoin de bien ventiler mes poumons, car ils sont plus petits comparés aux autres personnes qui n'ont pas cette maladie. On m'a présenté l'Alpha 300 et un autre appareil le CoughAssist, conçus pour m'aider à dégager mes voies respiratoires lorsque j'étais encombrée.

Mais cette prise en charge s'accompagnait aussi de la froideur administrative et de la complexité du système français. La difficulté de se faire entendre était souvent déconcertante. Ma mère, déterminée, se battait sans relâche pour obtenir les aides auxquelles j'avais droit, afin de me permettre de vivre ma vie de la manière la plus normale possible.

Chapitre 3 : L'Exil en France

Notre arrivée en France n'a pas été le rêve que beaucoup imaginent. Nous n'avions nulle part où aller, à la dérive dans une mer de visages inconnus. Nous étions temporairement hébergées par des connaissances, passant d'un toit incertain à un autre. Chaque nouveau foyer s'accompagnait de ses propres règles, d'un nouvel ensemble de personnalités à gérer, un lot d'incertitudes et d'adaptations.

Une des personnes en particulier qui nous a hébergées a eu un impact particulièrement négatif sur nous. Cette dame, nous a ouvert ses portes, mais ma mère en a payé le prix. Elle a dû travailler sans répit, effectuer toutes les tâches ménagères, ses journées remplies de tâches interminables. Les enfants de cette femme étaient encore pires. Ils étaient malveillants, leurs piques visant directement mon handicap. Ils se moquaient de mes difficultés, banalisaient ma douleur et rendaient chaque jour plus difficile.

Chapitre 4 : La Maladie et l'Hospitalisation

Le destin ne semblait pas encore avoir fini avec moi. Un jour, les enfants de cette dame ont attrapé la grippe et me l'ont transmise. Fragile, je me souviens avoir été transportée d'urgence aux soins intensifs avec seulement 25 % d'oxygène dans les poumons. J'ai failli mourir. Je me souviens du froid de la salle de réanimation, des bips incessants des machines, et de la peur dans les yeux de ma mère. Après 15 jours en réanimation, j'ai été suffisamment stable pour être transférée au service de pneumologie.

Lorsqu'on a commencé à m'asseoir dans mon fauteuil, j'ai ressenti une étrange sensation. Je ne pouvais plus tenir ma tête ni bouger aussi librement qu'avant. J'avais perdu des forces musculaires que je ne retrouverais probablement jamais. Cette prise de conscience, la réalité de mon état, la permanence de mes limites, m'ont frappée de plein fouet. Ce fut un coup dévastateur, non seulement pour moi, mais aussi pour ma mère.

Il m'a fallu du temps pour m'habituer à cette nouvelle posture, à cette dépendance supplémentaire. Je devais réapprendre à stabiliser mon regard, à ajuster ma respiration qui semblait plus lourde quand mon corps n'était plus aussi mobile. Le moindre mouvement demandait un effort, et chaque geste devenait une lutte.

Petit à petit, j'ai dû m'adapter. Trouver comment me positionner pour éviter la douleur, apprendre à compenser mes gestes autrement, développer des astuces pour ne pas trop fatiguer mon cou. J'ai découvert que certaines positions me permettaient de mieux contrôler ma tête, que l'inclinaison de mon fauteuil jouait un rôle crucial dans mon confort. Mais cela ne suffisait pas toujours.

Il y avait aussi l'impact psychologique. Me voir ainsi, immobilisée, m'a renvoyée une image de moi-même que j'avais du mal à accepter. Je n'étais plus la même. Il y avait un avant et un après. Et je ressentais une frustration silencieuse, un sentiment d'injustice que je n'arrivais pas à mettre en mots.

Ce changement a marqué un tournant dans ma vie. J'ai dû accepter que mon corps ne répondrait plus comme avant, que ma liberté de mouvement était limitée. Mais j'ai aussi compris que, malgré cela, je pouvais encore exister pleinement, différemment.

Chapitre 5 : La Maisonnée

Après deux mois en pneumologie, j'ai été transférée à La Maisonnée, un lieu où j'ai vécu des moments les plus difficiles et les plus douloureux de ma jeune vie. À ce moment-là, ma mère n'avait pas de logement convenable pour m'accueillir, ce qui m'a empêchée de rentrer chez moi à ma sortie de l'hôpital. La Maisonnée était la seule option.

En arrivant, j'ai ressenti un profond malaise. L'atmosphère était froide, davantage axée sur le contrôle que sur une réelle prise en charge des enfants. Les éducatrices prenaient toutes les décisions à notre place et imposaient des règles strictes, qui étouffaient tout sentiment d'autonomie. Un climat de peur régnait dans l'air. Toute contestation était punie, créant un environnement oppressif.

Avec le recul, La Maisonnée me fait penser à une secte déguisée en cocon, douce en apparence. Un monde où les marques d'affection étaient conditionnelles : on nous couvrait de câlins et de sourires, à condition que tu entres dans le moule. Il fallait être docile, aimer tout le monde de manière égale, ne pas montrer de préférences, ne pas trop penser, ne pas trop dire. Il y régnait une sorte de culture de la tendresse obligatoire, comme un "monde des Bisounours" où la tristesse, l'angoisse, ou simplement le fait d'aller mal devenait suspect.

À l'époque, j'étais encore pleine de naïveté. Quand j'allais mal, je me tournais vers les deux éducatrices principales. Je leur racontais mes inquiétudes, mes peines, mes souvenirs d'avant la grippe, avant la perte de certaines fonctions motrices. Je me confiais aussi parfois à certaines auxiliaires qui me considéraient comme plus "fonctionnelle" que d'autres enfants du centre. Mais cette autonomie relative ne m'épargnait pas.

Là-bas, on était aussi puni pour... presque rien. Faire la tête, bouder sans « raison valable », contester une consigne, montrer un peu trop qu'on allait mal : tout cela pouvait être sanctionné. Pour moi, la punition, c'était souvent l'isolement. On me privait de tout ce qui m'aidait à m'évader : plus de téléphone, plus de télé. Juste mon lit, mes pensées, et le plafond.

Il y avait de fréquents des cas de moquerie et d'abus psychologiques, où nous étions traités comme des objets plutôt que comme des individus. La solitude et l'angoisse me pesaient, je me sentais invisible, comme si mes émotions n'importaient pas.

Un jour, dans un élan de désespoir, j'ai écrit un avis sur internet. C'était peut-être maladroit, mal orthographié, mais c'était sincère. J'y disais que la Maisonnée ressemblait à une prison, que je n'en pouvais plus, que je voulais juste retrouver ma mère et partir d'ici. C'était ma façon de crier sans hurler, d'exister autrement que dans le silence qu'on m'imposait là-bas.

Mais tout n'est pas resté en ligne. Un autre avis que j'avais rédigé a disparu. Pas par choix. On m'a forcée à le supprimer. On m'a fait comprendre que ce que je pensais, ce que je ressentais, ce que je vivais... ça n'avait pas sa place. Là-bas, la vérité dérangeait. Là-bas, on préférait le silence aux mots, l'obéissance à la sincérité.

En relisant cet avis aujourd'hui, je vois la petite fille que j'étais, qui cherchait de l'aide avec les moyens du bord. Et même si on a effacé une partie de ma voix, je suis encore là. Je me souviens. Et cette fois, plus personne ne pourra m'empêcher de parler.

À La Maisonnée, je partageais ma chambre avec une jeune fille lourdement handicapée. C'était une présence silencieuse. Elle était sous ventilation permanente, le bruit régulier et artificiel de sa machine remplissait l'espace. Ce son mécanique, répétitif, ajoutait à l'atmosphère une ambiance étrange et pesante. Elle ne parlait pas, ne bougeait presque pas, et son état demandait une attention constante.

Mais au lieu de soins bienveillants, elle recevait parfois de la brutalité. Certaines nuits, des membres de l'équipe de nuit la maltraitaient verbalement. Je les entendais lui dire d'arrêter de baver, menacer de lui laisser la sonde collée à la bouche. Ils la traitaient de "moche", disaient qu'elle "pue". Des mots durs, cruels, dans un lieu censé protéger.

Et moi, j'étais là, allongée dans le lit d'à côté, témoin impuissante. J'avais peur. Peur de parler, peur d'attirer leur colère sur moi aussi. Alors je gardais le silence, en me recroquevillant un peu plus chaque nuit, dans une ambiance froide, pesante, où l'humanité semblait parfois absente.

Une pilule pour tout régler

L'événement le plus marquant de mon séjour a été lorsque j'ai été mise sous fluoxétine, un antidépresseur, à un âge où il n'était pas vraiment conseillé, étant mineure, sans le consentement de ma mère ni le mien. Je me souviens de ce jour comme si c'était hier. J'étais en proie à une profonde détresse émotionnelle, et je ne voulais qu'une seule chose : rentrer chez moi, m'éloigner de cet endroit où l'on décidait à ma place, où mes émotions étaient réduites à de simples « symptômes » à traiter chimiquement.

Chaque matin, en me réveillant, j'espérais que ce soit le jour où je pourrais partir. Je comptais les jours, les heures, les minutes. Mais le temps semblait figé. Mais au lieu de recevoir le soutien dont j'avais besoin, les responsables de La Maisonnée ont décidé de me traiter avec des médicaments, pensant que cela résoudrait mes problèmes. Cette décision a eu un impact profond et durable sur ma vie. Je me suis sentie piégée, sans voix, comme si mes émotions et ma souffrance n'avaient aucune importance.

À partir de ce moment, j'ai commencé à vivre dans une sorte de brouillard. Les effets de la fluoxétine m'ont souvent laissée désorientée, rendant difficile la gestion de mes émotions déjà fragiles. J'ai ressenti une déconnexion avec moi-même et avec les autres. Les nuits sont devenues plus sombres, emplies de cauchemars et d'angoisse, et je me suis souvent réveillée en larmes, désespérée et seule.

Malgré tout cela, je n'ai reçu aucun soutien de la part du personnel de La Maisonnée. Leurs réponses étaient souvent froides et détachées de ma réalité. Je ne savais pas comment expliquer ma souffrance, et il était impossible de faire entendre ma voix. Je porte aujourd'hui les cicatrices de ces expériences, qui continuent à me hanter sous forme de cauchemars et de souvenirs douloureux.

On m'imposait de manger des aliments en purée sous prétexte de protéger ma santé, seulement parce que je toussais beaucoup quand j'étais malade, même si cela ne me convenait pas. La texture me donnait la nausée. J'avais l'impression d'être traitée comme un nourrisson, mon autonomie étant réduite à un point tel que je ne pouvais même pas contrôler ce que je mangeais. Ma mère m'apportait parfois de la nourriture en cachette pour me permettre de manger quelque chose de normal, mais nous avons été surprises plusieurs fois, ce qui a rendu les choses encore plus difficiles.

À cela s'ajoutait le moment des traitements. Les infirmières mélangeaient tous mes médicaments ensemble, sans distinction. Cela donnait une sorte de mixture infâme au goût amer, impossible à boire. Elles appelaient ça « le cocktail », comme si c'était une plaisanterie. Mais pour moi, ce n'était rien d'autre qu'un supplice quotidien. Le goût, la texture, l'absence de choix… tout me donnait envie de vomir. On ne me demandait jamais si je voulais les prendre autrement. Je devais avaler, sans discuter.

Ma mère a été le seul rayon de soleil pendant ces jours sombres. Elle me rendait visite chaque fois qu'elle le pouvait, et dès que je la voyais franchir la porte, un soulagement m'envahissait. Son regard, son toucher, sa voix douce me rappelaient que je n'étais pas totalement oubliée. Mais ces instants étaient trop courts. Chaque visite se terminait par un au revoir déchirant, un moment que je redoutais à chaque fois.

Quand elle se levait pour partir, une panique sourde me gagnait. Je ne voulais pas la laisser s'éloigner, je ne voulais pas me détacher d'elle. Mon cœur se serrait, et une boule douloureuse se formait dans ma gorge.

Je voulais lui dire de rester, la supplier de ne pas me laisser ici, seule entre ces murs froids et hostiles. Mais je savais qu'elle devait partir, qu'elle n'avait pas le choix.

Alors, je ravalais mes larmes, essayant de ne pas lui montrer à quel point son absence me brisait un peu plus chaque jour. Elle s'est battue bec et ongles contre les injustices auxquelles je faisais face, mettant en cause le personnel de La Maisonnée et exigeant de meilleurs soins pour moi. Son amour indéfectible m'a donné la force de supporter.

Les auxiliaires qui s'occupaient de moi étaient souvent brusques et impatientes lors des manutentions. Elles me faisaient mal en me tournant par l'épaule, malgré les avertissements répétés de ma mère. Elle leur laissait des notes leur rappelant d'être plus douces, leur rappelant la sensibilité de mes épaules, mais cela ne faisait que rarement une différence.

« Nous sommes des professionnels », disaient-elles d'une voix agacée. «

Nous savons ce que nous faisons. » Leurs paroles, prononcées avec une pointe de condescendance, invalidaient les inquiétudes de ma mère, considéraient sa connaissance de mon corps comme sans importance. Elles rejetaient ses instructions comme s'il s'agissait des divagations insignifiantes d'un parent surprotecteur.

Un jour, leur « professionnalisme » a entraîné une subluxation de mon épaule, ce qui m'a provoqué une douleur intense. J'ai crié, mais mes cris n'étaient qu'un autre son à ignorer, une autre corvée à accomplir pour qu'ils puissent retourner à leurs téléphones, à leurs ragots, à leur oubli sans effort.

Il y a eu un moment où j'ai failli me taire, encore une fois. Quand je me plaignais à ma mère de la brutalité de certains soignants, elle m'encourageait à aller en parler à la cadre de santé. Mais j'avais peur. Peur de leur réaction après, peur de les confronter, de me retrouver face à eux, avec leur regard dur ou leur silence lourd.

J'ai dit non plusieurs fois. Mais un jour, ma mère a insisté, doucement. Elle m'a accompagnée. Et ensemble, on est allées frapper à la porte de la cadre. Ma mère a pris la parole. Elle lui a dit : « On a vraiment hésité longtemps avant de venir vous voir. » Puis elle a raconté. Tout.

La cadre a écouté. Elle n'a pas minimisé, elle n'a pas nié. Et surtout, elle a compris ma peur. Pour que mon témoignage passe inaperçu, pour que je ne sois pas exposée, elle a décidé de faire passer ça sous forme de « formation » pour toute l'équipe. Une sorte de rappel général sur les gestes, les mots, le respect. Sans pointer du doigt. Mais les choses n'ont pas vraiment changé.

J'étais la seule à me plaindre de la brutalité de leurs traitements. Les autres enfants étaient pour la plupart lourdement handicapés, enfermés dans des corps incapables d'exprimer le malaise qu'ils devaient ressentir. Ils ne pouvaient pas exprimer les protestations que je sentais brûler en moi. J'ai réalisé que le silence était leur faiblesse, et c'était aussi la mienne.

Je les regardais, leurs visages marqués par une douleur inexprimée, et je me suis rendu compte que j'étais l'une des chanceuses. Je pouvais parler, je pouvais ressentir, je pouvais me souvenir. Mais ma voix était une menace, ma douleur un inconvénient.

J'étais convaincue que mes plaintes étaient perçues comme une nuisance, une perturbation du bon fonctionnement de La Maisonnée.

Des murmures me parvenaient, des conversations étouffées dans le couloir, suggérant la nécessité de « quelque chose pour la calmer », quelque chose qui me rendrait plus docile. Je reste persuadée que c'est pour cette raison qu'on a essayé de me faire taire avec des médicaments, pour ne plus avoir à gérer mes plaintes et faciliter leur travail, moyen d'effacer ma voix et, avec elle, la vérité de leur négligence.

Les mains douces

Mais toutes les soignantes n'étaient pas pareilles. Il y avait bien une petite équipe plus douce et attentive lors des manutentions. Quand je savais que c'était leur tour, je disais à ma mère de rester à la maison, de se reposer, car je me sentais un peu plus en sécurité en leur présence, un bref répit dans l'anticipation constante de la douleur.

J'ai commencé à désirer leur présence. Je demandais souvent le planning à l'une des veilleuses, essayant discrètement de savoir quand elles travaillaient. Mais ma préférence ne passait pas inaperçue. Les autres aides-soignantes, celles qui infligeaient le plus de souffrances, ont fini par tout savoir.

C'est alors qu'elles se sont mises à me faire des blagues méchantes sur ces préférences, en jouant avec mes peurs. Elles ont utilisé ma vulnérabilité comme une arme, leurs blagues mêlant les peurs mêmes que je m'efforçais tant de réprimer. Leurs rires résonnaient dans les couloirs, me rappelant constamment mon manque de contrôle, ma dépendance à l'égard de ces gens qui tenaient ma vie entre leurs mains.

Ma mère ne pouvait pas passer la nuit avec moi à La Maisonnée, alors paradoxalement, quand je tombais malade, j'en étais presque contente. On m'emmenait à l'hôpital.

L'hôpital était pour moi une échappatoire temporaire, un bref aperçu de liberté. Les médecins et les infirmières y étaient toujours doux et compatissants. Plus important encore, ma mère pouvait rester à mes côtés. Sa présence était un baume, un bouclier contre la peur et la solitude.

Je m'accrochais à ces séjours à l'hôpital, redoutant l'inévitable retour à La Maisonnée. Chaque moment avec ma mère était précieux, un morceau de bonheur volé que je tentais désespérément de prolonger. Y retourner me donnait l'impression de rentrer dans une cage, un endroit où ma voix n'était pas la bienvenue, où la douleur était normalisée.

Chapitre 6 : La Rencontre avec Mohamed

Peu après notre arrivée en France, ma mère a rencontré un homme nommé Mohamed. Je l'ai tout de suite apprécié, et je m'entendais très bien avec lui, et il nous a hébergées quelques temps.

Cependant, en raison de la garde partagée de ses enfants, il a dû nous demander de partir. Malgré cela, ma mère et lui sont restés proches et ils ont fini par se marier. Le 5 juin 2017, mon petit frère, Yacine, est né.

À ce moment-là, j'étais encore enfermée dans les murs de La Maisonnée. J'éprouvais un élan de jalousie et d'amertume en voyant grandir Yacine, entouré d'une famille aimante, alors que je restais coincée dans un environnement hostile. Il était le symbole de la vie à laquelle j'aspirais.

C'est à cette période que ma mère venait me rendre visite à La Maisonnée, poussant devant elle une poussette minuscule dans laquelle dormait mon petit frère. Je me souviens de lui, encore tout bébé. Je me souviens aussi du refus instinctif que j'éprouvais. Au début, je ne l'acceptais pas. Je disais qu'il n'était pas mon frère. À mes yeux, il était comme un caillou dans une chaussure un obstacle de plus, une présence encombrante qui occupait l'attention de ma mère.

Il pleurait souvent. Ma mère le berçait, l'installait dans la salle de famille pour l'endormir, puis revenait vers moi. Mais ce n'était plus comme avant. Elle n'avait plus la même disponibilité, et moi, j'étais là, tiraillée entre jalousie et solitude.

Pourtant, malgré tout, quelque chose en moi fondait. Je ne pouvais pas m'empêcher de le trouver mignon lorsque je le regardais. Je caressais ses petites joues, jouais avec ses petites mains, je lui donnais sa tétine. Il était innocent, tellement fragile. Il représentait quelque chose de tout nouveau pour moi. Une part de moi était attendrie, même si l'autre refusait encore de l'accepter complètement.

Chapitre 7 : La Chirurgie et la convalescence

En 2017, j'ai subi une chirurgie pour ma scoliose. L'opération me faisait peur, mais elle était nécessaire pour éviter une détérioration supplémentaire de ma santé. Malgré la douleur et les complications, le soutien indéfectible de ma mère m'a aidée à traverser cette épreuve.

Je me souviens de ses mains tenant les miennes avant l'opération, ses mots rassurants malgré sa propre angoisse. J'étais terrifiée, n'ayant jamais subi de chirurgie sous anesthésie générale. Je me posais plein de questions : et si je ne me réveillais pas ? Ma mère avait peur aussi.

Les médecins l'avaient prévenue que sans l'opération, ma santé se détériorerait, mes difficultés respiratoires s'aggraveraient. L'enjeu était incroyablement important. Malgré la peur, nous savions qu'il fallait aller de l'avant.

Finalement, le moment est arrivé. On m'a emmenée dans la salle d'opération, à l'hôpital Femme Mère Enfant, où des médecins et des infirmières ont tenté de me rassurer. Ma mère était là, mais le moment est venu de nous séparer pour l'intervention.

Je me souviens encore de la musique Disney qu'une infirmière a mise pour m'apaiser, et du masque d'anesthésie que j'ai lutté pour accepter. Finalement, l'anesthésie a été injectée par voie intraveineuse, et je me suis endormie.

Huit heures plus tard, je me suis réveillée, perdue, sans savoir que le temps avait passé si vite. C'était déjà le soir. Au début, je n'avais pas trop mal, grâce aux antalgiques, mais lorsque les effets des médicaments se sont dissipés, la douleur est devenue insupportable. Pas aussi intense que ce que j'ai vécu à La Maisonnée, mais c'était un supplice. Les moments les plus douloureux étaient quand il fallait désinfecter ma plaie. J'étais alitée, et la douleur ne cessait de me torturer.

Des complications sont survenues. À deux reprises, j'ai dû retourner au bloc opératoire en raison d'une infection. L'équipe médicale avait d'abord négligé le fait que l'urine remontait dans la plaie, provoquant l'infection. Finalement, une sonde urinaire a été mise en place pour éviter de nouvelles complications, mais c'était encore plus difficile à supporter.

Puis, une visite inattendue : la médecin de La Maisonnée qui est passée me voir. Ce n'était pas quelqu'un que j'appréciais particulièrement, mais elle m'a dit : « Tiens bon, Bouchra ».

Lentement, douloureusement, la douleur a commencé à s'atténuer. La cicatrisation était en bonne voie. Ma cicatrisation progressait, et les kinésithérapeutes m'ont aidée à me lever. D'abord en m'asseyant sur le bord du lit, soutenue par leurs mains fermes, avant de pouvoir enfin me transférer dans mon fauteuil roulant.

Deux mois après, le chirurgien a confirmé que l'opération était un succès et que mes agrafes pouvaient être retirées. Le retrait de ces agrafes était douloureux, mais c'était une étape importante. Mais la convalescence n'était pas encore terminée.

L'étape suivante fut de retourner à La Maisonnée pour continuer la procédure de guérison. Ce retour a été très difficile. Le pire, c'était l'idée de devoir endurer les soins infirmiers là-bas, pour désinfecter mon dos. Le rappel constant de ma vulnérabilité était insupportable. Mais ce n'était que temporaire. La fin approchait.

Quelques mois plus tard, je quittais définitivement La Maisonnée. On me transférait dans un nouvel établissement : la Fondation Richard. J'avais même passé quelques jours à la maison avec ma mère avant le départ définitif. En partant, je me souvenais d'une des auxiliaires qui m'avait dit : « Pas de rancune. » Cette phrase m'était restée en mémoire, comme un résumé glaçant de l'indifférence que j'avais endurée.

La transition

À ma sortie de La Maisonnée, quelque chose s'est brisé en moi. C'était comme si on m'avait retiré une partie de mon être, un morceau de moi que je ne pouvais pas retrouver. Une partie de moi est restée coincée là-bas, enfermée entre ces murs, dans ces journées figées par la douleur et l'injustice. Et pourtant, je ne suis pas partie les mains vides. J'ai emporté quelque chose de cet endroit, quelque chose que je n'avais pas choisi : le médicament.

Cette sensation de vide m'a poursuivie, l'impression de ne plus être totalement moi. Parfois, des pensées surgissent, des impulsions, des paroles que je regrette aussitôt.

C'est comme si certaines de ces pensées n'étaient pas vraiment miennes, mais imposées par quelque chose d'extérieur.

Cette sensation m'a fait penser à un passage d'un animé Adventure Time, un épisode où un certain nommé le Roi des Glaces chante : « Je n'y suis pour rien, c'est cette couronne

». Cette phrase m'évoquait mon propre rapport avec le médicament. Comme lui avec sa couronne, j'avais parfois été prise dans quelque chose que je n'avais pas choisi, une couronne invisible qui influençait mes pensées, et me faisait agir d'une manière qui ne me ressemblait pas. Mes rêves étaient devenus plus agités, et de plus en plus bizarres. J'avais eu l'impression que des pensées non miennes étaient venues perturber mon esprit.

La Fondation Richard

Après l'opération, j'ai été transférée à la Fondation Richard, un établissement très différent de La Maisonnée. Avant d'intégrer la Fondation Richard de manière permanente, j'ai d'abord effectué un essai. J'étais alors dans ce qu'on appelait le "secteur B", situé au deuxième étage, un espace réservé aux plus jeunes. Tout était nouveau pour moi : les lieux, les visages, les routines. Cet essai m'a permis de me familiariser avec l'environnement et de me préparer à une intégration plus durable.

J'ai été accueillie par une cacophonie de sons : des rires, des bavardages, le grincement rythmé des fauteuils roulants, de la musique qui s'échappait des portes ouvertes. C'était vibrant et complètement bouleversant.

Contrairement aux couloirs silencieux et réglementés de La Maisonnée, la Fondation Richard pulsait de vie. Là-bas, j'ai retrouvé une certaine liberté et rencontré des jeunes de mon âge.

Et puis, je les ai vus. Qui parlaient, riaient, flirtaient, certains se déplaçaient dans leur propre fauteuil roulant, d'autres se déplaçaient d'un pas assuré et facile. Une vague d'émotions contradictoires m'a submergée – de l'exaltation, de la curiosité, mais, une douleur familière de jalousie. Ils possédaient la mobilité et l'indépendance auxquelles j'aspirais désespérément, un rappel amer de ce que j'avais perdu.

Liberté confisquée

Mon passage au sein du « Groupe passerelle » fut loin d'être l'expérience libératrice que j'avais imaginée. J'ai rencontré plusieurs difficultés en raison de mon handicap. On me surprotégeait en permanence. On me voyait comme une chose fragile, incapable de faire mes propres choix. Mais moi, je voulais juste être moi-même être comme les autres filles. À la place, j'avais l'impression d'être étouffée, de ne pas exister comme je le voulais.

Toujours à me dire comment m'habiller, à insister pour que je me couvre, Je me souviens d'une sortie de groupe où on avait pris une photo tous ensemble. Je n'ai jamais vraiment aimé cette photo. Ce n'est pas moi. Je ne me reconnais pas. Ils avaient mis une couverture sur moi, comme toujours, et je n'étais même pas coiffée comme je l'aurais souhaité.

C'était un détail pour les autres, mais pour moi, c'était un rappel constant que mon image ne m'appartenait pas totalement. Ils avaient décidé à ma place, encore une fois, sans me demander mon avis.

C'est comme si, à leurs yeux, je n'étais pas une jeune fille comme les autres, juste un être fragile à protéger à tout prix. Même pour les veillées, j'étais privée de liberté. À cause de mon handicap, j'avais besoin d'aide pour aller au lit, et comme il fallait être deux pour me transférer, on me couchait plus tôt que les autres, souvent dès 21h. Pourtant, j'aurais aimé rester devant la télé avec les autres jeunes, profiter d'un moment de détente. Mais les veilleuses de nuit refusaient que je reste dans mon fauteuil, car elles étaient seules.

Plutôt que de demander de l'aide à une collègue d'un autre groupe, elles préféraient m'imposer un coucher anticipé sans frais aucun effort. J'étais encadrée par une équipe de trois éducatrices, mais l'une d'elles en particulier, semblait prendre un malin plaisir à me rappeler mes difficultés. Ses mots étaient durs, me faisant sentir exclue et différente. Ses paroles, apparemment destinées à m'endurcir, étaient empreintes d'une amertume qui rongeait mon estime de moi déjà fragile.

Des remarques telles que « Nous n'avons pas besoin de toi, c'est toi qui as besoin de nous », m'a-t-elle lancé. « Tu seras confrontée à des défis comme celui-ci toute ta vie, tu dois donc apprendre à respecter les règles. ». Des rappels constants de ma dépendance et de la rigidité de l'environnement.

Les « règles » signifiaient conformité, silence et conscience constante de ma dépendance. Chaque mot était une brique ajoutée au mur qui me séparait des autres résidents, ceux qui pouvaient naviguer dans le monde avec une facilité dont je ne pouvais que rêver.

J'ai compris, sur un plan logique, qu'elle essayait de me préparer aux dures réalités de la vie en tant que personne handicapée. Mais ses méthodes me donnaient l'impression d'être un déluge constant de négativité, un rappel impitoyable de tout ce que je ne pouvais pas faire. Sa dureté me faisait me sentir plus petite, plus faible et complètement seule.

Un jour, après avoir réalisé qu'elle avait dépassé les bornes, je ne me souviens pas de l'incident précis, seulement du sentiment accablant d'être écrasée sous le poids des attentes. Peut-être a-t-elle vu le désespoir dans mes yeux, ou peut-être que quelqu'un lui a parlé, mais elle s'est approchée de moi, le visage marqué par un remords forcé.

« Je suis désolée », marmonna-t-elle en évitant mon regard. « Peut-être que tu n'es pas prête à entendre des choses comme ça. »

J'ai accepté ses excuses, en apparence. Que pouvais-je faire d'autre ? Mais ces mots me semblaient creux, un pansement sur une blessure profonde. Ses paroles avaient semé des graines de doute et de peur. Je ne lui ai jamais vraiment pardonné. Le sentiment d'être piégée, d'être définie par mes limites a persisté longtemps après qu'elle ait prononcé ces mots.

Mon corps, mon intimité

Comme si cela ne suffisait pas, la présence dérangeante d'un éducateur homme qui s'occupait de moi me mettait extrêmement mal à l'aise. Le besoin d'aide pour l'hygiène personnelle, en particulier pour la douche, amplifiait ma vulnérabilité et me faisait me sentir exposée.

Heureusement, il a fini par changer de groupe, tout comme l'éducatrice que je n'aimais pas. Mais un autre homme remplaçant a pris sa place, et bien qu'il fût plutôt gentil, cela n'a pas fait grand-chose pour apaiser mon malaise. L'invasion de ma vie privée, la dure réalité de ma dépendance à un inconnu masculin pour des tâches aussi intimes, m'ont emplie de honte, de ressentiment et de vulnérabilité.

Je redoutais ces moments-là. Dans un acte de résistance maladroit et enfantin, je bloquais volontairement les freins de mon fauteuil roulant au moment de prendre ma douche, un cri silencieux contre la violation que je ressentais. C'était un geste futile, l'éducateur, avec un soupir, se contentait de le pousser en mode manuel.

Les autres filles de mon âge pouvaient se doucher elles-mêmes, contrôler la température de l'eau, fermer la porte derrière elles et profiter de ce moment d'intimité sans que personne ne les dérange. Moi, au contraire, je me sentais prisonnière de mon handicap, dépouillée de ma dignité.

À l'heure des repas, l'air bourdonnait de rires et de secrets sur les béguins et les premiers baisers. L'éducateur engageaient souvent des discussions sur la sexualité avec les plus jeunes résidents, en essayant d'être légers et plaisants. Pour moi, cependant, c'était mortifiant. Il m'avait vue nue ; l'idée de participer à de telles conversations en sa présence était impossible.

Je me sentais isolée, exclue des expériences partagées qui définissaient leur jeunesse. Mon corps, source de lutte et de vulnérabilité constantes, est devenu une barrière, me séparant de la camaraderie dont j'avais désespérément besoin.

Deux ans plus tard, j'ai intégré un nouveau groupe avec uniquement des éducatrices femmes. Cela m'a offert un peu plus de liberté : je pouvais choisir mes vêtements, me coucher un peu plus tard, même si les veillées restaient toujours un défi.

Les éducatrices ont compris mon malaise face aux soignants masculins et ont fait tout leur possible pour m'aider. À chaque fois lorsqu'un remplaçant homme était présent, elles prenaient des précautions, s'assurant qu'il ne m'aidait que pour des tâches comme me laver les cheveux et utiliser une serviette de façon stratégique pendant les soins personnels.

Ces petits gestes de considération et de compréhension m'ont redonné une certaine dignité et un certain contrôle sur mon corps. Ils témoignaient du pouvoir de l'empathie et de la différence qu'elle pouvait faire dans une vie définie par des limites.

À la Fondation Richard, l'un des plus beaux souvenirs que je garde est celui de ma scolarisation. J'ai d'abord intégré une classe appelée "classe de consolidation". Je ne savais pas vraiment à quoi cela correspondait dans le système scolaire classique, mais ce que je sais, c'est qu'elle m'a offert une première ouverture. Une transition. Rapidement, on a reconnu mes capacités et on m'a orientée vers la classe SEGPA, considérée là-bas comme le niveau le plus avancé. J'y ai retrouvé des jeunes de mon âge. Il y avait une vraie ambiance scolaire, des rires, des échanges, une dynamique. C'était vivant.

Cependant, cette scolarisation n'était pas continue. Après un certain temps, il fallait choisir une autre voie. Certains élèves rejoignaient les ateliers de formation professionnelle (FP), destinés à ceux qui pouvaient envisager un travail en ESAT. Pour ma part, en raison de mes limitations physiques, j'ai été orientée vers le programme PVS (Projet de Vie Sociale). Là, je me suis retrouvée avec des jeunes qui n'avaient pas le même niveau intellectuel que moi. Je ne retrouvais plus le même plaisir qu'en classe. Ce n'était plus stimulant. Je ne me sentais plus à ma place.

On m'a alors proposé de poursuivre ma scolarité à l'extérieur, dans un lycée. J'étais motivée, prête à relever le défi. Mais on m'a fait douter, soulignant les difficultés liées à mon handicap. À force d'entendre ces mises en garde, j'ai fini par abandonner cette idée. Et encore aujourd'hui, je me demande ce qui se serait passé si j'avais suivi mon élan.

Chapitre 8 : Une perte irremplaçable

Le 24 novembre 2018, un événement a profondément marqué ma vie. Ce jour-là, j'ai perdu mon grand-père, décédé d'un AVC. Je ne l'avais pas revu depuis notre départ d'Algérie. Cette perte a été particulièrement douloureuse car j'ai moi-même été hospitalisée lorsqu'il est tombé malade.

Ma mère s'est trouvée face à un choix déchirant : rester à mes côtés ou retourner en Algérie auprès de son père mourant. Elle m'a choisie. Le dévouement indéfectible d'une mère... Elle n'a jamais pu lui faire ses adieux, n'a pas pu assister à son enterrement.

Le poids de cette absence, des mots non-dits, des moments non partagés, continue de peser sur moi. Je sais que ma mère porte le même fardeau. Nous portons tous les deux la douleur d'un adieu non fait, un chagrin qui s'envenime dans les espaces silencieux de nos cœurs. C'est un vide que rien ne pourra jamais vraiment combler.

Chapitre 9 : ma rencontre avec Sami

Puis est arrivé Sami. On s'est rencontré pendant mon séjour à la Fondation Richard. Confiant, charmant et indéniablement magnétique. Dès le moment où nos regards se sont croisés, une étincelle s'est allumée. Nous avons échangé des regards, d'abord timides, puis plus longs, plus significatifs. Lentement, un lien, forgé dans l'expérience commune de vivre au sein de la Fondation Richard, a commencé à se former.

Au fil du temps, notre lien s'est approfondi. Sami m'a poussée à sortir de ma zone de confort. Il m'a encouragée à dire ce que je pensais, à affirmer mes besoins, à dire « non » lorsque c'était nécessaire. Il a vu au-delà de mes limites physiques et m'a aimée pour qui j'étais, pour la personne cachée sous les couches d'insécurité.

Quand j'ai été en couple avec Sami, On nous surveillait sans cesse, surtout sur le plan intime. C'était insupportable, parce que pour les autres, il n'y avait aucun contrôle. Ils étaient en roue libre, mais moi, on me gardait toujours à l'œil. Ils disaient que, comme je ne pouvais pas vraiment me défendre, ils avaient peur que Sami me force ou profite de moi. C'était absurde, et franchement, humiliant. J'avais le droit d'avoir une relation comme n'importe qui d'autre.

Il m'a appris le pouvoir de ma propre voix, la force qui sommeillait en moi. Il était mon bouclier, mon confident et mon soutien indéfectible. Quand j'étais malade, hospitalisée, il était toujours là, une présence constante dans un monde qui semblait souvent chaotique et isolant.

Notre relation n'a pas toujours été un long fleuve tranquille. Nous avons eu notre lot de disputes, de malentendus et de moments de doute. Mais malgré tout cela, nous avons appris à communiquer, à faire des compromis et à trouver la force l'un dans l'autre. Le 7 janvier 2021, nous avons officialisé notre union. Nous étions un couple, deux âmes naviguant ensemble dans le monde, main dans la main, rêvant d'un avenir libéré des limites du présent.

Sami était plus qu'un petit ami, il était mon protecteur. Il avait un sens inné de la justice et n'hésitait pas à me défendre, même si cela impliquait de défier l'autorité de la Fondation. Il était intelligent et franc, des qualités qui le mettaient souvent en porte-à-faux avec le personnel.

Mais son franc-parler en a fait une cible. J'avais l'impression que l'administration cherchait toujours un prétexte pour se débarrasser de lui. Quand ils ont finalement accéléré son départ, pour son projet d'appartement mon cœur s'est brisé.

Un jour, après un incident qui avait abouti à une expulsion temporaire, Sami s'est fait expulser de la Fondation, j'ai paniqué. Je ne voulais pas rester seule là-bas. L'idée d'affronter cet environnement sans lui me paraissait insupportable. Alors je lui ai demandé de me ramener chez ma mère. Je l'ai supplié. Ma mère, elle, ne voulait même pas venir me chercher. J'avais l'impression d'être rejetée de tous les côtés. Sami, malgré sa propre colère et sa tristesse, a accepté sans hésiter. Nous sommes partis ensemble, comme deux fugitifs, fuyant un endroit devenu vide de sens pour moi. La réaction de ma mère fut un mélange de choc et de colère. Les appels téléphoniques de la Fondation se multiplièrent. Au fil de la soirée, je commençai à prendre conscience de ma décision impulsive.

J'avais peut-être commis une erreur, et en plus, je suis partie sans mon matériel médical. Le lendemain matin, j'ai été confrontée à trois éducatrices qui m'ont sévèrement blâmée. Leurs accusations ont fait mal comme du sel dans une plaie ouverte.

Sensible, j'ai fondu en larmes. Le poids de l'injustice d'être seule face à trois adultes était écrasant. Le poids de leur jugement m'écrasait. À cet instant, j'ai ressenti que je ne pouvais pas rester à la Fondation. Sami était parti et sans lui, l'endroit semblait vide, dénué de sens. Un jour, une urgence a forcé les éducatrices à me laisser seule, nue sous la douche. L'eau était froide. Abandonnée et vulnérable, cette négligence m'a rendue malade, et mon état est devenu critique.

Après l'intervention ratée des pompiers, mal équipés pour prendre en charge mon handicap, qui ont eu du mal à m'aider, et après une expérience éprouvante à l'hôpital Édouard Herriot, où le personnel n'était pas suffisamment formé pour mon type d'handicap.

Lors de mon hospitalisation, j'étais dans un état critique. Je vomissais souvent, j'avais du mal à respirer, et je me sentais faible. Sami est resté à mes côtés jour et nuit. Il veillait sur moi avec une attention que même certains soignants n'avaient pas. Il expliquait parfois aux kinés ou au personnel comment m'aider correctement, car beaucoup d'entre eux n'étaient pas réellement formés à mon type de handicap.

Il avait peur. Peur qu'en cas de souci, le temps que je sonne et que quelqu'un arrive, il soit déjà trop tard. Alors il restait là, près de moi, comme une barrière contre le pire. Mais sa présence dérangeait. Certains membres de l'équipe disaient qu'il gênait la prise en charge, qu'il n'avait pas sa place ici. Ils ont voulu le faire partir car soi-disant s'il y avait un incendie, ils ne pourraient pas l'évacuer parce qu'il était en fauteuil roulant, et qu'il n'était pas leur patient, juste mon compagnon. Mais il s'est battu pour rester.

Ma mère aussi est intervenue, elle a supplié le médecin, et finalement, il a pu rester. Ma mère aussi venait prendre soin de moi. Elle aidait les infirmières à m'installer correctement dans mon fauteuil, pour que mes poumons se ventilent mieux, et faisait tout pour m'éviter une dégradation. Une infirmière, impressionnée par ce qu'elle voyait, lui a dit un jour : « Franchement, je vous tire mon chapeau.

Si toutes les familles faisaient comme vous, on aurait sauvé pas mal de gens. ». Apres ma convalescence J'ai atteint un point de rupture J'ai écrit une lettre à la directrice de la Fondation Richard, dans laquelle je lui exprimais mon souhait de quitter l'établissement.

Une réunion a été organisée pour finaliser mon départ. L'air était chargé d'accusations et d'excuses non formulées. J'étais là, le cœur battant, déterminée.

C'était ma vie, ma décision. Finalement, je suis retournée chez ma mère.

Malgré toutes ces épreuves, la Fondation Richard reste un lieu qui m'a offert de beaux moments. Les instants passés à être scolarisée là-bas, entourée de jeunes de mon âge, restent parmi mes plus chers souvenirs. Ces interactions m'ont permis de ressentir un sentiment d'appartenance et de créer des liens qui ont adouci les difficultés que j'ai rencontrées.

La Fondation a été un lieu d'apprentissage, parfois difficile, mais essentiel C'est un endroit où j'ai appris l'importance de l'autonomie, et la force caché au fond de moi.

La permission d'aimer

Après mon départ de la Fondation Richard, Sami continuait de venir me voir les week-ends. Il parcourait des kilomètres en train, juste pour quelques heures passées à mes côtés. Il venait de loin, avec le cœur plein d'attente, d'amour, et d'envie de me retrouver. Mais au début, ma mère ne voulait pas entendre parler de sorties avec lui.

Je me souviens d'un jour en particulier : il était venu jusqu'à chez moi, après un long trajet. Il était là, souriant, prêt à me voir, et à la dernière minute, ma mère a refusé. Non. Pas cette fois. Il est reparti sans même m'avoir prise dans ses bras.

Mais avec le temps, elle a commencé à relâcher son emprise. D'abord pas très loin un petit tour dans le quartier. Sami, avec sa patience, a su gagner sa confiance. Il lui a montré qu'il n'était pas une menace, mais un appui. Et peu à peu, ce qui était interdit est devenu permis elle nous a laissés sortir librement, sans contrainte. On allait où on voulait, ensemble, librement, main dans la main.

Quand tout a basculé

Quand ma mère s'est mariée avec mon beau-père, ma vie a changé. Il avait deux enfants, une fille et un garçon, et au début, tout se passait bien entre nous. On regardait des films ensemble dans le salon, on jouait parfois à des jeux de société, et on partageait de bons moments tous les quatre avec Yacine.

Un jour, on est même allés tous ensemble au cirque. Ma mère et mon beau-père étaient là aussi, et Sami nous a rejoints sur place.

Comme j'étais en fauteuil, on s'est installés en bas, dans l'espace réservé, tandis que les autres étaient plus haut, un peu plus loin. À un moment, Sami m'a embrassée. Je n'avais pas réalisé que les enfants de mon beau- père nous avaient vus.

Jusqu'ici, ils ne savaient pas que j'étais en couple, à part ma mère. Mais avec la culture, ce genre de choses pouvait être mal vu. Une fois rentrés à la maison, tout a éclaté. Mon beau-père s'est emporté, et ses enfants curieux ont commencé à me poser plein de questions. L'ambiance est devenue étrange. Petit à petit, ils sont venus de moins en moins, jusqu'à ne plus venir du tout.

C'était le début du changement. Ce qui avait commencé comme une nouvelle famille unie s'effritait doucement, et sans le savoir, je m'apprêtais à vivre une période bien plus difficile.

Chapitre 10 : Les conflits familiaux

Les relations avec ma mère et mon beau-père, Mohamed, se sont considérablement détériorées. Les liens qui nous unissaient ont commencé à s'effilocher, après l'arrivée de Sami dans ma vie. L'atmosphère à la maison est devenue oppressante, chargée de ressentiments inexprimés. Ma mère, qui était autrefois une source de réconfort, a pris une attitude de plus en plus harcelante, voire violente.

Lorsque j'étais en couple avec Sami, la violence de ma mère a pris une autre forme. Il suffisait qu'elle devine une intimité entre nous, qu'elle soupçonne une proximité trop grande, pour que sa colère explose. Elle me lançait des insultes, me traitait de tous les noms, comme si aimer quelqu'un sans être mariée faisait de moi une honte. Ces mots-là venaient de ma propre mère.

Et quand Sami prenait ma défense, quand il osait lui tenir tête, refusant de me laisser subir ça en silence, elle retournait tout contre moi. Elle me reprochait mon éducation et la sienne, disait que j'aurais dû le recadré lui apprendre à se taire, à la respecter. Comme si, peu importe ce qu'elle me faisait subir, selon elle je devais lui témoigner un respect absolu.

Je ne suis pas devenue ce qu'elle espérait. Moi, j'espérais simplement qu'elle me comprenne. Entre fatigue et incompréhension, les choses ont commencé à prendre une autre tournure.

Puis est venue la désignation officielle « d'aidante familiale ». Aux yeux de l'État, ce qui lui a permis de recevoir une somme d'argent importante, y compris un rappel assez conséquent, Car la MDPH la payer en retard Cette sommes d'argent a entraîné une métamorphose étonnante. Elle est devenue radine, obsédée par l'argent, alors qu'auparavant elle était généreuse. Chaque dépense, aussi minime soit-elle, était source de tension.

Tout cela ne s'est pas fait tout seul. C'est une assistante sociale du SAMSAH qui nous a accompagnés dans toutes les démarches administratives. Elle s'occupait des dossiers, des échanges avec la CAF et la MDPH, et nous expliquait chaque étape pour obtenir les aides nécessaires : l'AAH pour moi, une compensation pour ma mère en tant qu'aidante familiale, ainsi que la PCH pour financer les auxiliaires de vie.

Mais quand l'AAH a été versée sur mon compte pour la première fois, ça n'a pas plu à ma mère. Pour elle, cet argent ne m'était pas destiné, elle pensait que c'était pour elle. Elle s'est mise à questionner tout le processus, comme si une erreur avait été commise. Très vite, une tension s'est installée.

Comme sa prestation ne pouvait pas être versée directement sur son compte, c'était à moi d'effectuer le virement chaque mois. Ce qui aurait dû être une simple formalité est devenu un sujet de discorde constant. Cette situation était pesante pour moi, car j'avais l'impression d'être devenue la gestionnaire de ses finances plutôt que sa fille.

Cela m'a dégoûtée. Comment une mère pouvait-elle exiger une rémunération pour s'occuper de sa propre fille ? L'idée me semblait fondamentalement fausse, une perversion du lien naturel entre parent et enfant.

Cette transformation était déchirante, un rappel brutal que l'argent peut corrompre même les relations les plus unies. Cela m'a appris une leçon amère : ceux qui ont peu sont souvent les plus généreux, tandis que la richesse peut révéler les aspects les plus sombres du caractère d'une personne.

Je me souviens d'un été particulièrement difficile, où la violence et les conflits sont devenus fréquents. Un jour, mon copain s'est disputé avec elle au téléphone. Il n'en pouvait plus de la façon dont elle me traitait. Elle n'arrêtait pas de me harceler, de me rabaisser à cause de mon handicap, allant jusqu'à me dire un jour : « J'aurais dû te laisser crever au bled. »

Le langage direct et sans peur de Sami l'a profondément blessée, déclenchant sa colère. Elle s'en est prise à moi, me frappant à la poitrine, essayant de détruire mon téléphone, le lien vital qui me reliait au monde extérieur.

Mais ça ne s'est pas arrêté là. Elle et Mohamed ont fait irruption Dans ma chambre, elle intensifiait le harcèlement.

Ils se sont lancés dans une série de leçons de morale déguisées en conseils. Ils me disaient que je ne respectais pas ma mère, que Sami m'éloignait du "droit chemin", que c'était un bon à rien, un clochard, et qu'il n'avait aucun droit de parler à ma mère sur ce ton.

Mohamed, lui, est allé encore plus loin. Il a menacé de jeter Sami du balcon s'il osait monter jusqu'à la porte.

Désespéré, Sami a appelé la police, racontant l'histoire des violences physiques et morales que je subissais au quotidien.

La police n'a rien pu faire. Pourtant, ils s'étaient bien déplacés. Je me souviens avoir entendu ma mère leur dire que tout cela n'était qu'un simple chagrin d'amour.

L'un des policiers est entré dans ma chambre. Il m'a regardée et m'a demandé : « C'est un chagrin d'amour ? » J'ai répondu que non. Et j'ai tout raconté. Tout ce que je subissais au quotidien. Les violences morales, les menaces, l'humiliation. Il m'a écoutée. Mais il m'a aussi expliqué qu'ils ne pouvaient rien faire car il n'y avait pas de trace, pas de preuve, pas d'action. Ils ont vu une chambre propre, un lit bien fait, une fille couchée là, bien soignée en apparence.

Alors ils sont repartis, me laissant seule avec une vérité trop bien dissimulée donc aucune preuve tangible des blessures plus profondes que la peau, la police a rejeté ma demande. Ils m'ont conseillé de déposer une plainte officielle au commissariat, une suggestion bureaucratique qui m'a fait l'effet d'une gifle.

Quelques jours plus tard, j'ai eu le courage de porter plainte pour harcèlement psychologique. La démarche exigeait un certificat médical, témoignage des dommages causés par les paroles et les actes.

J'ai obtenu le certificat, ce document froid et officiel, piètre substitut à la justice. Mais je n'ai pas pu me résoudre à poursuivre le dossier, paralysée par la peur des conséquences, non seulement pour ma mère, mais aussi pour mon petit frère.

J'avais des vidéos, des preuves accablantes de violences passées à son encontre, cachées. J'ai menacé de les montrer à la police, espérant choquer ma mère et l'inciter à cesser les abus. Mais je n'avais pas la détermination nécessaire pour franchir cette étape finale et irréversible.

Je me suis longtemps interrogée sur la situation, réalisant que c'était plus complexe qu'il n'y paraissait. Ma mère avait été élevée dans une culture où la soumission et l'obéissance des enfants étaient la norme. Bien que j'aie grandi dans le même environnement, mon arrivée en France m'a permis d'adopter une vision différente, une façon de penser plus ouverte cela a compliqué notre relation. Essayer de raisonner quelqu'un dont la vision du monde était si limitée, quelqu'un qui estime que le respect doit être inconditionnel, même sans réciprocité, était devenu impossible pour moi.

Pour mon bien-être, j'ai pris mes distances, une décision qui me déchire. Malgré tout, elle était toujours ma mère. Elle me manquait, la femme qu'elle était, la femme que j'aurais aimé qu'elle redevienne. Mais je savais que je ne pourrais jamais lui faire comprendre mon point de vue. J'ai choisi de la laisser vivre sa vie, tout en essayant de tracer mon propre chemin.

Depuis que les relations se sont tendues entre ma mère, mon beau-père et moi, je me suis sentie de plus en plus étrangère dans mon propre foyer. Petit à petit, je n'avais plus ma place nulle part, sauf dans ma chambre.

C'était le seul refuge qui me restait, mais ce n'était pas un vrai réconfort. Ma chambre était minuscule, et je ne pouvais pas me déplacer librement. Je passais mes journées enfermées, à tourner en rond, à subir l'ennui et la solitude.

Avec mon beau-père, on ne se parlait plus du tout. On vivait sous le même toit, mais c'était comme si on était des étrangers. Même pas un bonjour, rien. On s'ignorait complètement.

Sa présence rendait tout encore plus insupportable. Chaque retour à la maison était une épreuve. Dès que je franchissais la porte, l'atmosphère devenait lourde, presque oppressante. Le silence, les tensions, le regard des autres… Tout me rappelait que je n'étais pas acceptée ici.

Les seuls moments où je pouvais respirer un peu, c'était quand je sortais avec mon copain. Aller chez lui, c'était comme s'évader d'une prison. Là-bas, l'ambiance était différente, plus légère. Je pouvais bouger comme je voulais, rire, regarder des films, discuter sans crainte. Ces instants avaient un goût de liberté, et je redoutais toujours le moment où je devais rentrer. L'idée de repasser cette porte et de replonger dans cette atmosphère pesante me donnait l'impression de perdre à chaque fois un souffle d'air frais.

Une souffrance invisible

Ce qui rendait la situation encore plus difficile, c'était que personne autour de moi ne semblait réellement voir ce que je vivais.

Ma mère faisait tout pour me pousser à bout. Elle me provoquait, me cherchait du regard, juste pour que je craque. Et quand j'explosais, elle retournait la situation en disant aux professionnels : « Vous voyez ? » Elle voulait que tout le monde pense que j'étais folle. Même Sami me l'a confirmé un jour, en me disant : « Il ne faut pas être un génie pour comprendre ce qu'elle fait. Ça se voit à des kilomètres. »

Alors j'ai appris à me taire. À ne plus réagir à ses piques, à garder mon calme. Parfois, je fermais simplement les yeux, je la laissais parler, comme si je n'étais plus là. C'était ma façon de ne plus lui donner ce qu'elle attendait.

Les professionnels, les médecins, les travailleurs sociaux, ne m'ont pas vraiment vue. Ou peut-être ont-ils choisi de ne pas le faire. Ils ont entendu mes paroles, enregistré, mais n'ont pas réussi à saisir le cœur de mon problème. Ils ont vu une jeune femme handicapée, en difficulté, certes, mais finalement prise en charge par une mère aimante.

Ma mère donnait toujours l'image d'une femme exemplaire, une mère dévouée qui s'occupait de sa fille handicapée. C'était ce que tout le monde retenait. Ils ne cherchaient pas à comprendre ce qui se passait réellement derrière cette façade. Ils ne voyaient pas l'emprise psychologique, les paroles qui m'étouffaient, l'invisibilité de ma souffrance.

Sous pression jusqu'à l'explosion

Puis est arrivé l'événement qui m'a véritablement bouleversée : à cause de ma mère, j'ai été victime d'une crise d'angoisse qui m'a conduite à l'hôpital.

J'avais consulté un médecin au sujet des médicaments qu'on m'avait imposés à La Maisonnée, un traitement dont je n'avais pas besoin mais que j'étais obligée de subir. J'avais décidé d'arrêter de les prendre progressivement, mais ma mère ne me laissait pas faire en paix. Son harcèlement constant a exacerbé mes souffrances, me poussant à bout.

Elle trouvait ma décision incompréhensible, répétant sans cesse que j'en avais besoin, que sans ça, j'allais « devenir folle ». Il n'y avait aucun soutien de sa part, aucun respect pour mon choix. Juste cette pression constante, ces paroles qui tournaient en boucle, me faisant douter, m'écrasant sous un poids supplémentaire alors que je tentais déjà de me reconstruire.

Un soir, après une dispute particulièrement amère avec elle, Sami m'a reconduite chez moi. Dès notre arrivée, une étrange sensation m'a envahie. Mon cœur s'est mis à palpiter, des picotements ont parcouru ma poitrine et une angoisse indescriptible m'a envahie.

J'avais l'impression que mon corps était en état d'alerte maximale, comme si j'entrais dans un environnement hostile. C'était une crise de panique, une véritable attaque contre mes sens. J'ai été transportée d'urgence à l'hôpital, à bout de souffle.

Une fois sur place, j'ai désespérément essayé de leur expliquer ma situation, mon calvaire avec ma mère, mais personne ne semblait m'écouter. Ils étaient plus préoccupés par le fait que j'avais arrêté de prendre mon médicament.

Par les histoires que ma mère leur avait racontées, j'ai entendu des bribes de leur conversation à travers la porte. Ma mère leur a dit de bien faire un rapport sur tout ce qui s'était passé, comme si elle voulait garder une trace officielle des événements. Ils m'ont donné un calmant, l'alprazolam, qui n'a fait que masquer mon angoisse et ma douleur, sans résoudre le problème sous-jacent.

Après ma sortie de l'hôpital, j'ai continué à prendre l'alprazolam, mais cela n'a fait qu'empirer les choses. Je me sentais droguée, déconnectée de la réalité, à la dérive dans un brouillard. Mais j'ai continué à le prendre, car j'avais arrêté la fluoxétine.

Un cercle vicieux.
Après réflexion, j'ai réalisé que ma crise de panique était peut-être due en partie à la façon dont j'avais arrêté le traitement. J'avais réduit la dose de fluoxétine trop rapidement, en prenant une demi-dose pendant une semaine, ce qui n'était pas suffisant pour un sevrage sans danger. Je ne savais pas que cela pouvait être risqué, j'avais simplement suivi ce que mon médecin PMR m'avait dit de faire.

Cela dit, quand j'étais en sortie avec Sami, je me sentais relativement bien. Ce n'est qu'en rentrant chez ma mère, dans cet environnement tendu, que la crise s'est déclenchée. Il semblait que deux facteurs avaient joué un rôle : les médicaments et le stress de ma situation. Une combinaison toxique qui m'a poussée au-delà de mon point de rupture. Le poids du silence, le fardeau des vérités non dites, étaient finalement devenus trop lourds à porter

Chapitre 11 : À la recherche de soi

Le plus dur a été, d'admettre que je ne pouvais pas y arriver seule. Ravalant ma fierté, j'ai finalement pris rendez-vous avec un psychiatre. J'ai raconté mon histoire, les années d'émotions réprimées, le poids étouffant des attentes et les tentatives désespérées de faire taire le trouble intérieur avec des médicaments.

Mais à peine avais-je commencé à lui parler de La Maisonnée, des traitements imposés et de tout ce que je subissais avec ma mère qu'il ne me laissait même pas finir. Il m'écoutait à peine, comme si rien de tout cela n'avait d'importance.

J'avais espéré un espace où être entendue, où ma souffrance aurait du poids, mais il s'en fichait complètement. Un autre professionnel de la santé qui rejetait mon expérience, me considérant comme un problème, pas comme une personne.

J'ai progressivement arrêté l'alprazolam, associé à une réintroduction progressive de la fluoxétine. Les premiers jours furent un véritable enfer, mais je m'accrochais à la promesse d'un avenir meilleur, d'un avenir où je pourrais respirer à nouveau. J'ai suivi le plan méticuleusement, comptant les jours, les heures, les minutes. Et puis, lentement, subtilement, le brouillard a commencé à se dissiper.

Au bout d'une quinzaine de jours, la fluoxétine a commencé à faire son effet. L'anxiété a commencé à s'estomper, le désespoir s'est atténué et j'ai senti une lueur d'espoir.

C'était une flamme fragile, qui s'éteignait facilement, mais elle était là.

Avec une nouvelle lucidité, j'ai vu la vérité de ma situation. Rester chez ma mère, dans cet environnement de tension et de manipulation subtile, entravait ma guérison. J'ai pris une décision difficile, une promesse à moi-même : je ne referais plus cette erreur.

J'attendrais d'avoir mon propre chez-moi, un havre de paix et de sécurité où je pourrais vraiment guérir et me reconstruire.

La décision était prise, mais le chemin à parcourir me semblait intimidant. Je savais que je ne pouvais pas y arriver seule. J'avais besoin de soutien, de conseils et d'une aide concrète.

J'ai sollicité l'aide des « Services d'Accompagnement Médico-Social pour Adultes Handicapés » (SAMSAH), une organisation dédiée à l'accompagnement des adultes handicapés. Ils m'ont fourni des conseils précieux pour m'orienter dans les démarches administratives liées aux demandes de logement et pour accéder aux services d'aide disponibles.

J'ai ensuite contacté une agence de soins à domicile spécialisée dans la mise à disposition d'aides-soignantes. Leur rencontre m'a remplie d'un mélange d'anxiété et d'excitation. J'ai dû expliquer mes besoins, mes vulnérabilités et mes espoirs pour l'avenir. Mais au fur et à mesure que je parlais, j'ai ressenti un sentiment croissant de pouvoir. Je prenais le contrôle de ma vie, façonnant mon propre destin.

Je me souviens très bien des discussions avec les aides-soignantes. Elle me disait des mots d'encouragement et des conseils pratiques

Elles m'aidaient à envisager mon avenir, favorisant un sentiment d'indépendance et d'autonomie. À chaque conversation, le rêve d'avoir mon propre espace, un sanctuaire où je pourrais me soigner et me reconstruire, me semblait de plus en plus tangible. Je pouvais presque goûter à la liberté, à la libération d'être aux commandes de ma propre vie.

Ma mère ne croyait pas en moi, quand j'ai évoqué mon projet de partir en appartement, elle n'a cessé de me dire que je n'y arriverais pas. « Tu vas galérer avec les auxiliaires pour ton installation, tu ne vas pas t'en sortir toute seule » disait-elle. Elle me répétait sans cesse que j'allais sans doute finir par l'appeler tout le temps, incapable de faire face aux difficultés.

Chaque mot qu'elle prononçait était un coup porté à ma confiance en moi, comme si elle ne croyait pas du tout que je pouvais prendre mon envol, que j'étais destinée à échouer. Mais quelque part, je savais aussi qu'elle avait peur pour moi, peur qu'il m'arrive quelque chose. C'était un mélange de doute et d'angoisse, une façon pour elle de garder le contrôle en me faisant douter de mes propres capacités

Chapitre 12 : L'Espoir d'un Nouveau Départ

Maintenant, j'attends. J'attends de déménager dans mon propre appartement, j'attends de commencer un nouveau chapitre de ma vie. L'attente est un mélange d'excitation et d'inquiétude. Je sais que ce ne sera pas facile. Au début, j'aurai encore besoin de médicaments pour gérer mon état émotionnel. Les cicatrices du passé sont profondes et la guérison sera un processus long et ardu.

Mais je garde espoir. L'espoir d'un avenir libéré de la toxicité qui a empoisonné ma vie pendant si longtemps. L'espoir d'un avenir où je pourrai enfin m'épanouir, où je pourrai découvrir mon véritable potentiel et vivre une vie pleine de sens et de joie. Mon petit frère Yacine, avec qui je me suis beaucoup rapprochée, reste une source de bonheur et de fierté pour moi.

Chapitre 13 : Résilience

Aujourd'hui, je suis en mesure de partager mon histoire avec vous. Cela n'a pas été facile. Le chemin a été semé d'embûches, de pertes et de moments de profond désespoir. Mais j'ai survécu. J'ai enduré. Et j'en suis sortie plus forte, plus résiliente et plus déterminée que jamais.

Chaque cicatrice sur mon corps est un témoignage de lutte, un rappel visible des combats que j'ai menés et gagnés. Et chaque larme versée est un pas de plus vers la guérison, une libération des émotions refoulées qui m'ont accablée pendant si longtemps.

J'ai appris que ma voix compte, même si elle est parfois faible. J'ai appris que je mérite l'amour, le respect et le bonheur. Je me bats pour ma place dans ce monde, déterminée à prouver que je suis plus qu'une simple personne handicaper.

Je suis Bouchra, une jeune femme pleine de rêves, d'espoirs et d'une confiance incroyable en ma propre résilience. Les épreuves auxquelles j'ai été confrontée ont fait de moi la personne que je suis aujourd'hui, plus forte et plus compatissante. Je suis prête à aller de l'avant, à profiter pleinement de la vie et à créer un avenir rempli de joie, de sens et de détermination.

Je n'ai pas encore terminé mon parcours, mais je suis déterminée à poursuivre ma quête de découverte de soi. À chaque pas, je me rapproche de mon objectif : vivre une vie pleine et épanouie, malgré les obstacles. J'espère que mon histoire inspirera d'autres personnes à ne jamais abandonner, quelle que soit la dureté de leur réalité, à se rappeler que même dans les moments les plus sombres, il y a toujours de l'espoir, toujours la possibilité d'un nouveau départ.

(À suivre...)